Las mujeres musulmanas y el velo Hijab;

Opresión o liberación

POR The Sincere Seeker Collection

A veces los medios de comunicación presentan al Islam como una religión opresiva, que oprime especialmente a las mujeres. Aunque lamentablemente es cierto que algunas mujeres musulmanas son oprimidas en algunas zonas de los países musulmanes de todo el mundo, cualquier forma de abuso u opresión emocional, física o psicológica hacia las mujeres está prohibida en nuestra fe y va fuertemente en contra de las enseñanzas y leyes del Islam. La supresión general de las mujeres se produce en muchas partes del mundo, independientemente de la religión o la cultura del opresor, incluso si éste es ateo en su fe. Sin embargo, no existe ninguna ley islámica que oprima a las mujeres; es más, el Islam establece específicamente que las mujeres tienen todo el derecho a una vida decente sin enfrentarse a agresiones o abusos de ningún tipo, al igual que los hombres. El Sagrado Corán afirma que Dios Todopoderoso creó todas las especies por parejas, indicando así que tanto los hombres como las mujeres fueron creados de la misma especie. El Profeta Muhammad la paz sea con él declaró en una narración que *'Las mujeres son las mitades gemelas de los hombres.'* Dios afirma en el Sagrado Corán que:

"Los hombres creyentes y las mujeres creyentes son Auliya' (ayudantes, partidarios, amigos, protectores) unos de otros" (Corán 9:71)

El Islam afirma que tanto el hombre como la mujer fueron creados en estado puro y que ambos son iguales a los ojos de Dios. El único criterio real que juzga la superioridad de una persona sobre otra es el de la piedad, la conciencia de Dios y la rectitud.

"...Ciertamente, el más noble de vosotros ante Alá es el más justo de vosotros..." (Corán 49:13)

Tanto los hombres como las mujeres en la fe islámica deben cumplir las mismas obligaciones de fe, adoración, oración, caridad, etc., y -como se subraya en el Sagrado Corán- las mujeres no son diferentes de los hombres en el sentido espiritual. Tanto los hombres como las mujeres están sujetos a la recompensa o al castigo de Dios.

"Y quien haga obras rectas, sea hombre o mujer, siendo creyente, entrará en el Paraíso y no será agraviado, [ni siquiera como] la mota de una semilla de dátil" (Corán 4:124)

Aunque tanto el hombre como la mujer son espiritualmente iguales a los ojos de Dios, los dos géneros no son idénticos y presentan muchas diferencias biológicas, psicológicas y físicas, por lo que no sería lógico comparar los papeles del hombre y la mujer. Los derechos, las responsabilidades y las funciones de cada género están equilibrados, pero no son necesariamente iguales. Cada género reclama diferentes papeles en la vida, y cada uno es adecuado para ese papel por sus funciones, tal y como fueron diseñadas por la naturaleza. En general, los hombres poseen más fuerza física que las mujeres, por lo que hombres y mujeres compiten por separado en deportes rigurosos como el boxeo o el baloncesto.

"...Y el varón no es como la mujer..." (Corán 3:36)

Por ejemplo, la mujer está preparada para la maternidad, mientras que el hombre es incapaz de realizar esta función. Por otra parte, un hombre es apto para las batallas militares en el campo en tiempos de guerra; el nombramiento de una mujer para luchar en el campo en lugar de un hombre perjudicaría a un ejército.

No hay que malinterpretar estas diferencias para decir que los hombres son superiores o inferiores a las mujeres; más bien, estos papeles se atribuyen a la capacidad natural y al buen funcionamiento entre los géneros. Los hombres y las mujeres se complementan, existiendo cada uno como medio de realización mutua para el otro.

Los hombres y las mujeres tienen diferentes preferencias y grados de ventaja en diferentes áreas. El Sagrado Corán afirma que los hombres están en un grado por encima de las mujeres, y los eruditos islámicos hacen referencia al versículo que indica que los hombres son cuidadores de las mujeres y deben cumplir con todos sus derechos hacia ellas en términos de protección, apoyo y provisión. Este versículo no implica que los hombres tengan autoridad sobre las mujeres. En realidad, las mujeres son las beneficiarias de este versículo. El papel de la mujer es confortar y apoyar a su hombre. Aquel que creó tanto al hombre como a la mujer conoce las capacidades, debilidades y fortalezas de cada género.

El Islam, de hecho, fue la primera religión que concedió a las mujeres un estatus en la sociedad. En sociedades pasadas, como las mantenidas por los romanos, griegos y babilonios, las mujeres eran denigradas, utilizadas para el sexo y el placer, tratadas como propiedad y prostituidas.

Algunas civilizaciones incluso consideraban a las mujeres como instrumentos malignos del diablo y las privaban de varios derechos básicos. Algunas sociedades incluso enterraban vivas a las niñas después de nacer.

Además, en muchas sociedades, los hombres privaban a las

mujeres de sus derechos básicos de herencia y las consideraban y trataban como propiedades transferibles. Sin embargo, el Islam otorgó a las mujeres el derecho a poseer propiedades y a recibir sus justas herencias de sus familiares. El Islam proporcionó a las mujeres el derecho a la educación, el derecho a casarse con quien quisieran, a conservar su apellido después del matrimonio, a divorciarse, a trabajar fuera de casa, el derecho a obtener sus propios ingresos independientes, a crear su propio negocio, a votar, todo ello en una época en la que la concesión de estos derechos a las mujeres no era la norma. En el Islam, el marido no puede tocar el dinero de su mujer sin su voluntad, y está obligado a mantenerla y a cubrir los gastos del hogar. El Islam introdujo en los anales de la cultura los derechos de la madre, la esposa, la hija, etc.

Cuando el Sagrado Corán fue revelado, su Escritura condenó las actitudes sexistas y la discriminación hacia las mujeres y, al mismo tiempo, elevó y elevó el estatus de las mujeres, las honró y demostró cómo podían mantener el honor que Dios les había dado. En ninguna parte del Sagrado Corán se encuentra un verso que degrade a las mujeres o les otorgue un estatus secundario. El Sagrado Corán incluso dedica un capítulo entero llamado *"Las mujeres"*, y no hay ningún capítulo llamado "Los hombres". El Sagrado Corán también contiene un capítulo llamado *"María"*, y se la menciona en todo el Libro Sagrado. La primera seguidora del Islam fue una mujer (Khadijah, la esposa del Profeta). El primer mártir del Islam también fue una mujer.

El Profeta Muhammad, que la paz sea con él, declaró en un Hadiz *'El más completo de los creyentes en la fe, es el que tiene el mejor carácter entre ellos. Y el mejor de vosotros es el que es mejor con sus mujeres'.* *(At-Tirmidhi,* Aprendemos de otra narración en la que el Profeta Muhammad, que la paz sea con él, declaró *Quien tenga tres hijas, o tres hermanas, o dos hijas, o dos hermanas, y mantenga una buena compañía con ellas y tema a Alá con respecto a ellas, entonces el Paraíso es para él'(At-Tirmidhi)*

Tratar bien a los padres, especialmente a la madre, es un mandato del Islam y del Sagrado Corán. El Sagrado Corán eleva a las madres a un estatus muy alto y ordena a todos que traten a sus madres con el máximo respeto, amabilidad, ternura, amor, devoción y cuidado. Nuestro Profeta dijo que la paz sea con él: *'El paraíso está bajo los pies de tu madre'.* Además, cuando el Profeta Muhammad la paz sea con él fue preguntado por un compañero: *'¿Quién de entre la gente es el más digno de mi compañía?'* El *Profeta* Muhammad la paz sea con él respondió: *'Tu madre'.*

Entonces el hombre preguntó: "*¿Entonces quién?*", y el Profeta Muhammad respondió: "Tu madre*", y el compañero replicó: "*¿Entonces quién?*". *Entonces el Profeta* Muhammad respondió: 'Tu madre', *a lo que el acompañante replicó: '¿Entonces quién?* Y finalmente, el Profeta Muhammad respondió: 'Entonces tu padre'.

Aunque los medios de comunicación suelen presentar a las mujeres musulmanas como oprimidas, débiles y sumisas a sus maridos por su aspecto y su forma de vestir, la vestimenta de las mujeres musulmanas es un símbolo de su liberación de la cosificación social. Una musulmana es honrada en el Islam y en la Sharia (ley islámica). A menudo, las mujeres no musulmanas se visten para atraer la atención del sexo opuesto, mientras que el objetivo de una mujer musulmana es vestirse de forma apropiada, modesta, y atraer la menor cantidad de atención en un mundo en el que la forma física se enfatiza constantemente y se le presta una atención indebida.

El Islam eleva a la que se cubre, salvaguardando su integridad al no permitir que sea tratada como un objeto sexual; que sea valorada y juzgada externamente basándose únicamente en su apariencia, en lugar de internamente en su rectitud, carácter, mente e intelecto. Una mujer musulmana no desea adornar su cuerpo para los hombres, sexualizándose para ganar la atención de quienes no son su marido. Las mujeres musulmanas admiran y se identifican con María, la madre del Profeta Jesús, que es conocida por su piedad, rectitud, carácter, conciencia de Dios y modestia.

En el árabe vernáculo actual, la palabra "*Hijab" se refiere a* un "*pañuelo para la cabeza*". Sin embargo, en el árabe clásico y en la lengua del Corán, Hijab se refiere a una cortina física, una pantalla, un tabique o una barrera, que separa a uno de los demás cuando se encuentra detrás de una cortina. La persona que se cubre o que se encuentra detrás del Hijab no sólo se cubre la cabeza y todo el cuerpo, sino también el espacio que la rodea cuando se encuentra detrás de una cortina, una pantalla, un tabique o una barrera. Según el Sagrado Corán, este tipo de cobertura era una capa adicional que sólo debían llevar las esposas del Profeta Muhammad.

"...Y cuando les pidáis algo [a sus esposas], pedidlo desde detrás de un tabique. Eso es más puro para vuestros corazones y los de ellas..." (Corán 33:53)

Las esposas del Profeta no sólo debían cubrirse la cabeza y el cuerpo, sino que debían colocar una cubierta o una cortina delante de ellas para ocultar su espacio cuando hablasen con personas que no fuesen su mahram (una persona con la que no está permitido casarse debido a su estrecha relación de sangre, como un hermano, tío, sobrino, etc.). El Todopoderoso, el Todopoderoso, dictó reglas de etiqueta adicionales relativas a la manera en que se debía hablar con las esposas del Profeta, dictando que debía haber una separación física entre las mujeres nobles y la gente común, por medio de una barrera que fuera opaca, no transparente e impenetrable. Esta barrera proporcionaba una capa adicional de privacidad y, al mismo tiempo, era un símbolo de su alto estatus y dignidad. Es importante expresar que el significado clásico del término *"Hijab"* en el Sagrado Corán no es el mismo que entendemos y utilizamos hoy en día. El uso del Hijab mencionado en el Sagrado Corán no era requerido por nadie más que las esposas del Profeta, como se indica en el Sagrado Corán. En cuanto al resto de las mujeres musulmanas, el Corán instruye explícitamente que las mujeres deben llevar un pañuelo en la cabeza en un versículo diferente.

"Y di a las mujeres creyentes que reduzcan [algo] de su visión y que guarden sus partes íntimas y no expongan sus adornos salvo lo que [necesariamente] aparece en ellas y que envuelvan [una parte de] sus coberturas sobre el pecho y no expongan sus adornos salvo a sus maridos, a sus padres, a los padres de sus maridos, a sus hijos, a los hijos de sus maridos, a sus hermanos, a los hijos de sus hermanos, a sus mujeres, a lo que posean sus manos derechas, o a los asistentes masculinos que no tengan deseo físico, o a los niños que aún no conozcan los aspectos privados de las mujeres. Y que no pisen para dar a conocer lo que ocultan de su adorno. Y volveos a Alá en arrepentimiento, todos vosotros, oh creyentes, para que tengáis éxito"
(Corán 24:31)

El Sagrado Corán utiliza la palabra *"Khamar"* *para referirse* al pañuelo que cubre la cabeza. La palabra *Khamar* proviene de una raíz que significa "cubrir algo". La palabra *Khamar es similar* a la palabra árabe *Kha'mir*, que es la palabra para el alcohol, ya que el alcohol deteriora el intelecto
-uno no puede pensar con claridad mientras está bajo la influencia del alcohol, ya que crea una barrera entre la mente y el poder del habla y el razonamiento.

Dios dice en su Libro: "Di a las mujeres creyentes que se pongan su *Khomar (*el plural de Khamar) sobre el pecho, como si echaran su chal por encima y cubrieran la zona del pecho". Así que, además de cubrirse el pecho, también deben cubrirse la cabeza, ya que el uso de la palabra *Khomar* en este versículo ya implica la cobertura de la cabeza. Así pues, lo esencial del *Jamar* dicta que se cubra el cabello y que un paño cubra el pecho de las mujeres.

Mientras que, por lo general, las mujeres de la época del Profeta llevaban pañuelos en la cabeza, algunas de ellas dejaban al descubierto la zona del pecho echando el pañuelo hacia atrás, por lo que Dios Todopoderoso les ordenó que se cubrieran también el pecho.

Además de cubrirse la cabeza, el cuello y la zona del pecho, Dios ordena a la mujer musulmana creyente que se arroje un Jilbab - que hace referencia a una prenda exterior suelta que no defina la forma de su cuerpo y oculte su belleza-. Esto es en referencia a una situación en la que una Muslima sale de su casa o está en presencia de aquellos que no son su Mahram.

"Oh, Profeta, di a tus esposas y a tus hijas y a las mujeres de los creyentes que se echen encima [parte] de sus prendas exteriores. Eso es lo más adecuado para que sean conocidas y

no sean maltratadas. Alá es siempre indulgente y misericordioso" (Corán 33:59)

Debido a que estos versos del Sagrado Corán son muy explícitos y directos, los representantes de la erudición islámica no han planteado desacuerdos o disputas a este edicto en el pasado; excepto cuando se trata de la cuestión de si las mujeres también deben cubrirse la cara y los pies.

La razón principal por la que una mujer musulmana lleva el Hijab puede atribuirse a la creencia de una musulmana de que su verdadero propósito en la vida es adorar a Dios el Todopoderoso según Sus instrucciones; tal y como se revela en la Revelación final de Dios a la humanidad, el Sagrado Corán y a través de las enseñanzas del Profeta Muhammad la paz sea con él, el último Mensajero de Dios. Dios hizo del uso del Hijab una obligación e instruyó a las mujeres creyentes a llevar la cabeza cubierta en el Sagrado Corán. Por lo tanto, llevarlo es un acto de rectitud y un acto de obediencia a Dios. Una mujer musulmana lleva el Hijab para buscar y obtener el placer de su Amo.

La enseñanza principal del Islam es que todo lo que Dios le ordena a uno, es siempre lo mejor para él, independientemente de que entienda o no la lógica que hay detrás. Una mujer musulmana confía en Dios y hace lo que Él le ordena, confiando en que será lo mejor para ella, ya que Dios sabe lo que es mejor para ella más que ella misma. Dios es el Creador de todo y es Omnisciente y Sabio. Sólo cuando ella se somete a Dios y obedece sus mandatos, comienza a cosechar los beneficios y a sentir la tranquilidad y la satisfacción de la vida; ya que sabe que Dios está complacido con ella. Al centrarse y someterse a las exigencias de Dios, se libera y deja de ser esclava y prisionera de las presiones y los deseos de la sociedad.

"A quien haga el bien, sea hombre o mujer, mientras sea creyente, le haremos vivir una buena vida, y les daremos su recompensa [en el Más Allá] según lo mejor que hayan hecho" (Corán 16:97)

El Islam hace hincapié en la relación entre el cuerpo y la mente. Al cubrir su cuerpo, la mujer musulmana protege su corazón de las impurezas espirituales. La mujer musulmana lleva el Hijab para mantener el código de modestia del Islam. El código de modestia del Islam se extiende a todos los aspectos de la vida de

Las mujeres musulmanas y el velo Hijab: Opresión o liberación una persona, incluida su vestimenta y su forma de comportarse. La vestimenta de una musulmana es una manifestación externa de la pureza, la belleza y la humildad interiores, ya que el uso del hijab encarna la conducta moral, el carácter, los modales y la forma de hablar. Una mujer musulmana guarda su modestia y no atrae la atención innecesaria de la gente, como una doble mirada, admiración, alabanza o atracción sexual de quienes no son su marido.

Mientras que la atención de los demás puede aumentar el ego durante un breve período de tiempo, una mujer musulmana reconoce que este tipo de atención puede acarrear consecuencias a largo plazo, como los celos de los demás, la envidia, la competencia, las aventuras, ser un mal modelo para los hijos y, posiblemente, la ruptura del matrimonio, como vemos con tanta frecuencia en Occidente y en todo el mundo, donde es habitual vestirse con poca modestia. Una mujer musulmana ostenta el rasgo de Ha'yaa (modestia, timidez y sentido de la vergüenza) en su interior y valora su belleza, por lo que se vela, ya que el Hijab desvía la atención de ella y oculta y protege a la musulmana. Dios también instruye a las mujeres para que bajen la mirada cuando el género opuesto está presente, lo que muestra el rasgo de Haya (timidez).

"Y di a las mujeres creyentes que reduzcan [algo] de su visión y guarden sus partes privadas (siendo castas)..."

(Corán 24:31)

Una Muslima es honrada en el Islam y en la Sharia (Ley Islámica). El Islam eleva a aquella que se cubre, salvaguardando su integridad personal al no permitir que se la trate como un objeto sexual; que se la valore y juzgue externamente basándose únicamente en su apariencia, en lugar de hacerlo internamente en su rectitud, carácter, mente e intelecto. Una mujer musulmana no desea adornar su cuerpo para los hombres, sexualizándose para ganar la atención de quienes no son su marido.

"...Es más conveniente que se conozcan y no se abusen (molesten). Y Alá es siempre indulgente y misericordioso..."
(Corán 33:59)

Según esta aleya, una musulmana debe llevar el hijab y vestirse con modestia para que se la reconozca como una musulmana, una mujer casta y que se toma en serio su modestia. Una musulmana establece un estándar para sí misma y envía un mensaje a todos los que la rodean de que no es una mujer que se vende barata y conoce su valor, que es una mujer fuerte con valor, fuerza interior, fortaleza y que es una musulmana practicante que no dañaría, oprimiría o engañaría a nadie. El hijab es un escudo que ayuda a evitar que una musulmana sea víctima de abusos, burlas, humillaciones o bromas. No sólo lleva un atuendo modesto para protegerse a sí misma, sino que lo lleva para proteger a los

Las mujeres musulmanas y el velo Hijab: Opresión o liberación hombres y a la sociedad en general.

En contra de la creencia popular, muchos asumen que el Hijab se lleva únicamente para frenar los deseos ilícitos de los hombres. No es responsabilidad de las mujeres regular el comportamiento de los hombres. Cada hombre es responsable de su propia conducta y acción. De hecho, el Sagrado Corán también instruye a los hombres a ser modestos, a bajar la mirada, a guardar su modestia y a manejarse con sensatez en todas las esferas de su vida. Dios afirma:

"Di a los hombres creyentes que reduzcan [algo] de su visión y cuiden sus partes privadas. Eso es más puro para ellos. Ciertamente, Alá está al tanto de lo que hacen" (Corán 24:40)

De hecho, el Sagrado Corán instruye a los hombres para que observen la modestia primero, antes de hablar con las mujeres. Aunque muchos asocian el concepto del Hijab con el uso de un pañuelo en la cabeza, esto es sólo una aplicación del concepto. El Hijab es mucho más que un pañuelo en la cabeza, sino el concepto general de ser modesto y humilde en otros aspectos de la vida también.

Una instrucción similar se da en la Biblia: *"Habéis oído que se dijo: "No cometerás adulterio"[a] 28 Pero yo os digo que cualquiera que mira a una mujer con lujuria ya ha cometido adulterio con ella en su corazón" (Evangelio de Mateo 5:27-28)*

En el Sagrado Corán, el Todopoderoso se dirige específicamente a las mujeres cuando les pide que no muestren sus adornos, excepto lo que es apropiado y fácilmente aparente, y que cubran sus cuerpos con velos debido a las distinciones físicas y biológicas que existen entre hombres y mujeres y sus modos de atracción mutua. Esto es evidente en el mundo actual, donde la vergonzosa exposición del atractivo sexual se dirige mayoritariamente a los hombres en contraposición a las mujeres, por parte de empresas e industrias conscientes de la manera en que su publicidad y venta de productos influyen en su comportamiento de compra.

Algunos movimientos feministas y medios de comunicación presentan el Hijab como una representación de la opresión y la esclavitud de las mujeres. Aunque lamentablemente es cierto que algunas mujeres musulmanas son oprimidas a pesar de que va en contra de las enseñanzas del Islam, la opresión general de las mujeres ocurre en muchas partes del mundo, independientemente de la religión o cultura del opresor, incluso si son ateos en la fe. Aunque se puede decir que un gobierno o un grupo de personas en particular oprimen generalmente a las mujeres, no es cierto decir que el Islam, en general, oprime a las mujeres. Ninguna ley islámica oprime a las mujeres, que tienen todo el derecho a una vida decente sin sufrir agresiones o abusos de ningún tipo.

Las mujeres musulmanas y el velo Hijab: Opresión o liberación

Si a las mujeres se les concedieran los derechos que Dios les ha otorgado, la opresión no existiría de la manera en que lo hace hoy. Desgraciadamente, el Islam no se practica como debería, incluso en tierra musulmana, ya que no se practican los verdaderos principios del Islam. El Islam honra a las mujeres; sin embargo, lamentablemente en todo el mundo, las mujeres musulmanas son víctimas de aberraciones culturales que no tienen cabida en la fe.

Una mujer musulmana que se cubre el pelo o que antepone su religión a los intereses mundanos es tachada a veces de oprimida; pero en realidad, la opresión no se define por un trozo de material en la cabeza, sino por un debilitamiento del corazón y la mente. Liberación significa libertad, pero no libertad para hacer lo que uno quiera. La libertad nunca debe producirse a expensas de uno mismo o de los demás. Cuando una mujer musulmana cumple con el papel para el que fue creada, para encontrar a Dios, construir una relación con Él y seguir su guía y sus órdenes, no sólo se libera, sino que se empodera y se honra. Se libera y se libera de los grilletes de la sociedad, de las presiones y de los estereotipos e imágenes irreales dictados por los medios de comunicación. Las mujeres musulmanas que deciden cubrirse el pelo y vestirse con modestia consideran este acto como un derecho y no como una carga.

El concepto de Hijab no es un concepto exclusivo del Islam. Las tres religiones abrahámicas comparten muchas creencias, incluida la idea de cubrirse el pelo en público con un velo. Las mujeres judías y las monjas católicas tenían la costumbre de salir en público con la cabeza cubierta. Hace tan sólo 40-50 años, era inaudito que una mujer cristiana fuera a la iglesia sin cubrirse la cabeza ni llevar una falda larga.

De hecho, el concepto de cubrir la cabeza de la mujer se encuentra en la Biblia afirmando que una mujer debe cubrir su cabeza y si muestra su cabeza descubierta, ella deshonra su cabeza y debe tener su cabeza afeitada: *"Pero toda mujer que ora o profetiza con la cabeza descubierta, deshonra su cabeza, pues es igual que si estuviera afeitada. 6 Porque si la mujer no está cubierta, que también sea rapada; pero si es una vergüenza para la mujer estar rapada o raída, que se cubra" (1 Corintios: 11: 5-6)*

A diferencia de los pasajes relacionados que se encuentran en el Corán, Pablo presentó en este verso el velo como un signo de la autoridad del hombre. En su opinión, una mujer que se cubriera la cabeza debería hacerlo para mostrar su subordinación al hombre. Esta visión sexista de las mujeres que se cubren la cabeza refleja la influencia de ciertos individuos en Occidente, que piensan que el Hijab es opresivo y un símbolo de inferioridad y degradación. Esto se debe a que inconscientemente están reaccionando al concepto judeocristiano del velo, que es el símbolo de la sujeción de la mujer a su marido. Esto no es así en el Islam.

El concepto del Hijab viene acompañado de condiciones obligatorias que deben seguir las mujeres musulmanas. Las condiciones son que todo el cuerpo, excepto la cara y las manos, debe estar cubierto, y mediante ropa suelta, no ajustada, no transparente y que cubra todo. El vestido no debe llamar la atención ni acentuar el cuerpo, no debe estar perfumado y no debe parecerse a la ropa que llevan los hombres o los incrédulos; tampoco debe ser excesivamente elegante ni adornado.

Dios ha dado una excepción a esta regla a aquellas que ya no son capaces de tener hijos, que ya no desean el matrimonio o las relaciones sexuales y que no pueden excitar las pasiones de los hombres. Estas mujeres no necesitan cubrirse en el mismo grado que las demás. Se les permite quitarse la prenda exterior, conocida como Jilbab en árabe.

"Y las mujeres en edad posmenstrual que no tienen deseo de casarse, no tienen culpa de dejar de lado sus prendas exteriores [pero] no de mostrar adornos. Pero abstenerse modestamente es mejor para ellas. Y Alá es oyente y conocedor" (Corán 24:60)

El Profeta de Dios la paz sea con él alabó a las mujeres modestas, que guardan su castidad y la belleza que les ha otorgado Dios. El Profeta Muhammad la paz sea con él también maldijo a aquellas mujeres que exhiben y hacen alarde de su belleza en público, afirmando que esas mujeres no olerán la fragancia del Paraíso. Nuestro Profeta la paz sea con él nos ha advertido que hacia el final de los tiempos existirán mujeres que se visten pero están desnudas y que se alejan de la rectitud y se inclinan a hacer el mal, llevando a otros por el mal camino, incluyendo a sus maridos.

A mi querida hermana creyente, no permitas que los susurros de Shaytán (Satanás) te extravíen y te desvíen. Y no dejes que Satanás te aleje de tu Creador, el Todo Misericordioso, el Todo Amoroso. Debes reconocer que no estás en posición de negociar tu fe, en cuanto a lo que debes aceptar y lo que debes rechazar. Necesitas someterte completamente y de buena gana. Y date

Las mujeres musulmanas y el velo Hijab: Opresión o liberación

cuenta, mi querida hermana, de que estás bendecida y honrada de estar entre la gente de La Ala Ila Allah (No hay deidad digna de adoración excepto Allah). No lo dejes para más tarde, ya que tu muerte puede ocurrir en cualquier momento, trayendo consigo el fin de la prueba de tu fe.

El acto de no llevar un Hijab o no vestirse modestamente es un pecado, pero justificar tus acciones es mucho peor. Cuando eres honesto contigo mismo y estás dispuesto a admitir tus transgresiones, tienes la oportunidad de arrepentirte, cambiar y perdonar. Sentirse culpable del pecado es el primer paso del arrepentimiento. Como cualquier otro acto de culto, el acto de vestirse modestamente y llevar el Hijab requerirá fe, sacrificio, disciplina y paciencia. Vestir con modestia fortalece la relación entre tú y tu Señor.

A mi querida hermana que está luchando en su viaje del Hijab, refuerza tus rituales de oración y tu conexión con Dios y Su Libro. Al suplicarle a Él, le permites que te ayude. Reza y fortalece tu conexión con Dios, ya que estos actos te mantendrán alejada de los pecados y actos ilícitos, dándote el poder que necesitas para resistir los elementos malignos. Da el primer paso ahora y nunca abandones tu búsqueda de la fe.

Lleva el Hijab sólo por Dios e ignora el ruido exterior, ignora las miradas y los comentarios de la gente, y date cuenta de que este viaje merece la pena. Date cuenta de que complacer a la gente es un objetivo que nunca podrás alcanzar y que complacer a tu Creador es el camino hacia la satisfacción y la paz. Nuestro Profeta la paz sea con él narró: *'Quien busque la complacencia de Alá incurriendo en la ira de la gente, Alá le bastará y le protegerá de la gente. Y quien busque la complacencia de la gente incurriendo en la ira de Alá, Alá le encomendará a la gente'.* Rodéate de hermanas rectas y practicantes, dándote cuenta de que eres demasiado valiosa para estar a la vista de todos los hombres. Y date cuenta, mi querida hermana, de que tú y tus hermanas creyentes sois las últimas representantes verdaderas de la feminidad en esta Tierra.

www.ingramcontent.com/pod-product-compliance
Lightning Source LLC
Chambersburg PA
CBHW070958120626
46546CB00004B/1673

Red King
Black Rook

by Steven Archer

Published by Raw Dog Screaming Press
Hyattsville, MD

Cover & Interior Illustrations: Steven Archer
Book Design: Jennifer Barnes

Printed in the United States of America
ISBN: 978-1-933293-76-9

www.rawdogscreaming.com

Red King
Black Rook

A Fable

Once upon
a time...

4

Steven Archer

High above a walled city is a blood red, windowless tower.

Inside lives a very old, very twisted King, his Queen, their three sons, and his sole Advisor- a large black Rook.

While most kings are known as "King Something-Something-the-Somethingth," this King is not.

None of his people, if you could call them that, know his actual name.

He is known simply as "The King in Red" after the colour of the tower, or "The Red King" for the rivers of blood known to flow from its ramparts.

He is ancient, nearly blind, and quite helpless. He exists in a technology induced half-life while his Queen, locked in their bedchamber, chooses the abomination of ecstasy over reality and isolation. The duties of feeding, dressing, and cleaning fall on the bowed and broken shoulders of their three sons.

Life is a perpetual twilight. Seeing them for the first time, one might mistake the family for a species of cave insect, pale and sticky, shining with filth and oil, their translucence brought into high relief by the Rook's blue black feathers.

Ah, the Rook...

What can one say about the Advisor?

The Rook arrived some time in the nebulous past, a
cane under one wing, the satin of his top hat taut and
shiny.

Fond of baubles, the bird notes that upon entering the tower for the first time, his fine pocket watch winds down to nothing. The watch, an antique, stolen from a subordinate statistician was dual function, providing time in both analogue and digital formats. The Rook, quite proud of it, would, at cocktail parties, manufacture reasons to bring it out for people to gawk at.

Sadly, while climbing the tower's inner staircase the digital readout also failed.

The Rook curses under his breath, weighing his new change in status against the loss of so powerful a conversation piece.

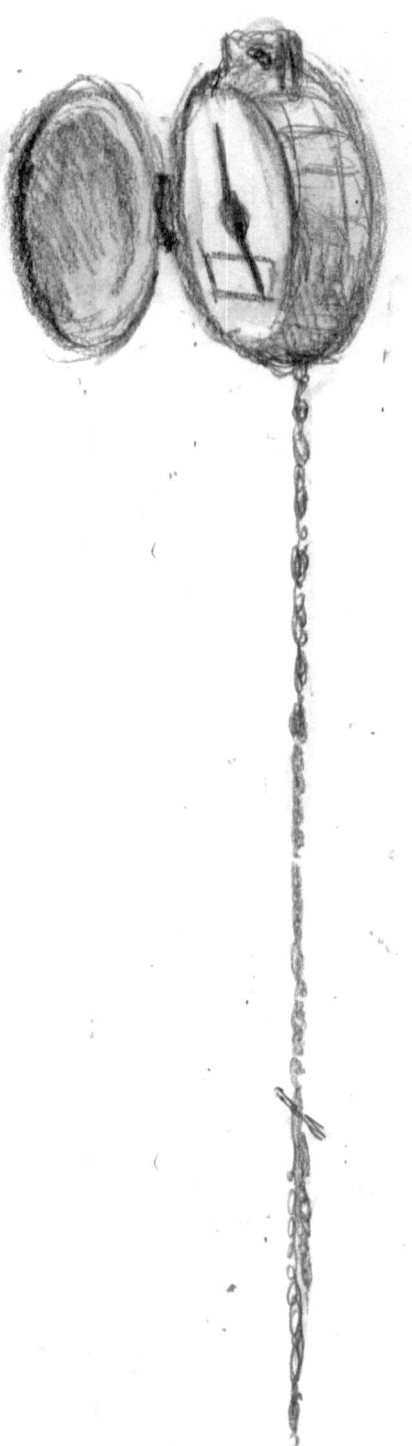

7

At the top of the stairs is the tower's only floor. Taking a moment to compose himself, the bird hops to the knob and raps sharply at the chamber door. The door opens and the rook presents his Certificate of Transfer to the King.

Adjustments are made and the Rook is provided with an extensive wardrobe, a writing desk, parchment, and pens (quilled naturally). He quickly adapts to his new role, excelling at any task given.

In addition to his regular duties, the Rook eventually brings the mouse and insect population under control, an act that goes unnoticed by the family.

Only the Rook leaves the tower, and observing the world through dead black eyes, he returns with grim reports.

Steven Archer

No day, no night, no summer, no winter, this aerial oubliette exists beyond time and morality.

The space between events is elastic and irrelevant, so let us just say at a certain moment in time the King calls an audience.

"I hear the sounds of war," the King says. The words pass his lips like the memory of a first kiss. Pausing for dramatic effect he looks around the room and trembles with excitement.

(women-guns-cobblestones-rain-mud-blood-carbon-lipstick!)

"I... must... have... NEWS OF THIS! ...I need people ON THE GROUND!

I need IN-TEL! - RE-CON!

Bring me DATA!

CHARTS-WITH-NUMBERS!

PROJECTIONS-INCURSIONS

CAL-CU-LA-TIONS!

I must know of STOCKPILES and RATIONS

How much RUBBER DO-WE-HAVE!

Prepare PROP-A-GANDA!

Prepare VICTORY GARDENS!

Men and COUNTERMEASURE!

CARCINOGEN and CARRIER PIGEON!

AMMUNITION and AM-PU-TEES!"

These last words shoot across the room and bounce between the far wall and the back of his throne. They pass through his audience several times before exhausting their energy, congealing in a hazy pool on the stone floor.

Catching his breath he continues, "Eldest Son Front-and-Center!"

"Yes Sir! Father!"

"As my oldest... I give you the greatest honor."

"Yes Sir! Thank you sir!"

"Go North to the Front!
Take Gun and Sword,
Tank and Tent!
Camera Crew and Canteen!
Meet with the Generals,
reassure them that I... AM IN COMMAND!
Take photos with the wounded,
be seen... and adored.

Return to me
in a fortnight.
Fly like the wind
from the Front!
I want to smell
the carbon and
cordite on your
breath!"

"Yes Sir!"

"DIS-missed,"
says the King.

He straightens himself as he watches his eldest son walk quickly to the door. Pulling a curved pipe from his robe he sucks on it thoughtfully and with some amount of difficulty.

"I have returned!" He thinks to himself. "This is Providence, and I...Have...Returned."

Another painful breath.

"Middle Son! Front and Center!"

"Yes Sir! Father!"

With a sympathetic look he begins, "While I am sure you long to be at the Front, there is much to be done behind the lines.

"Very IMPORTANT WORK that requires care and con-cen-tra-tion.
You must go West my son, West to the Factories, and Fabricators...
The Mines and Mills.
You must take a full inventory of our Stock.
HOW MANY SHOES DO WE HAVE, BOY!?
We need... FAST CARS!
and... NY-LON STOCKINGS!
PLASTIC and PLAS-TIQUE!

"Factories must be REFITTED AND REBUILT!
TOYS to TOOLS!
STRIP CLUBS to STRIP MINES!
Moooove those working girls... TO THE FRONT!
Must keep up MORALE boy!
Remember Son, in times of war ... ON THE BACK MEANS...
ON THE JOB! Say it with me!"

"ON-THE-BACK-MEANS-ON-THE-JOB-SIR!" He screams back.

18

"Very good, boy," his voice lowers to a shifty-eyed conspiratorial whisper. "While you are there, make sure to... enjoy yourself.

"Just between us... Men..."

Eyes look left, then right. "That is how I met your Mother....You see son, even in her own li-mi-ted way... she did her part."

He stops momentarily, distracted by a fly, flailing, wings down in a puddle of spittle.
Its drone mirrors the sound vibrating behind his eyes.

"H r u m p h . . . where...Yeessss.... Waaaaaarrrrrr...." He stiffens, "You son...may go. Return in two weeks!"

"YES SIR!"

The King pauses, taking a moment to gather himself and looks at his youngest son.

He straightens his heavy golden crown and begins.

"Ah, my most beautiful boy. My flower." His eyes dilate as the words spill from his mouth.

"You are far too precious to go anywhere near the action. No, I feel it is best I remove you entirely... out of harms way, you understand."

The boy nods.

"You are to go East my boy. Tell me of my Sailing ships.

Take up the spear and pike,

bring me the oil of the Ocean.

Return to me with tanker cars full of Blubber

for Perfume and Petrol.

Empty the seas for me my boy.

Even you, who are but-a-child can contribute."

"Yes, Father," the boy says.

Always his favorite, the King lets this breach of protocol slide. The child's resemblance to his mother is uncanny (that is before the rake of age scarred her bombshell-good-looks) and distracting in so many ways. The King sucks harder on his pipe and makes a dismissive gesture with his free hand towards the door.

The room returns to its usual state of vacuum silence, empty but for the Rook.

The King locks down, his eyes following the bird as he slowly hops hither and yon pulling pieces of mummified meat from cracks in the walls. Perhaps he has eaten his fill or perhaps the overwhelming silence in the room brings duty to the forefront of his tiny, conniving brain. Whatever the case, he stops and turns towards the King.

"Advisor..."

The Rook squawks, arrogantly choosing its own higher, more sophisticated mode of speaking over the base human tongue.

Steven Archer

"Advisor, go to the South, tell me of my crops and orchards.
We need Beans and Potatoes,
Rice and Raisins.

"How many trees can we sacrifice from our orchards for wood?
What is the ...PH ...of the soil?
Are there any new pesticides that might have other uses?
Have the farmers found any interesting infestations, or plants with potent properties?

"Return in two weeks with stories of Air Quality and Acid Rain,
Botany and Botulism...
Fumigation and Fun-gi-cide," the last word falling out of his mouth in a spray of plaque-laden spores."

The Rook spits out a choked "Yes, Sir!" Choosing this time to follow protocol knowing it is always good to give the King a pretty from time to time.

"Begone!"

The bird stiffens in an avian salute, shits on the floor, and launches up, circling the room once before shooting off into the void beyond the darkened door.

The King sits alone, sucking on his unlit pipe, listening as the sounds of war mingle with the voice of delirium drifting on twisted letters from the bed chamber.

He puts on a smart pair sunglasses and says again, "I have returned."

Hidden eyes snap shut and he drops into dream.

He dreams of his childhood. The youngest of seven sons. Seven down the line of succession. Seven below the king.

He kills his next oldest sibling at five. A happy accident, his yearning for the throne does not begin until he is eight.

He considers and schemes, observes and anticipates. Plans and prognosticates.

At nine, he manages to kill not one, but three of his brothers. A bribe in the right place brings an infected streetwalker inside the castle walls. She is presented to each of the young men in turn as a gift, a flesh-lined passage into manhood.

She is so beautiful, not the common street trash, thought to be a gift from their loving father, the King. Her skill matched only by her grace and prowess, she glows with an inner light.

A week after her last evening in the castle, that light turns to heat as her organs burn away from the inside. She dies in agony, filthy and steaming in the snow.

She has lit the fuse to a fire which later consumes two of the brothers completely. There is a moment of concern when the third's symptoms inexplicably fade the following week. In a way, it is fortunate for him that

28

the disease chooses to manifest itself in a slightly different way. His burning brain numbs him. He is spared his brother's agony.

Inconveniently, the two remaining siblings began to suspect foul play, but with no proof, the most they can do is avoid their youngest brother.

He makes the most of his isolated life, spending an inordinate amount of time in the dust-layered Royal Library.

Several days before his eighteenth birthday, his Royal Father, all of forty-five, begins to show signs of sickness, his end looking near.

While not the most elegant method, one Sunday morning the city wakes to discover the remainder of the boy's bloodline dead.

The late King is found in the arms (and bed) of a bovine serving wench, dead of amphetamine-induced heart failure.

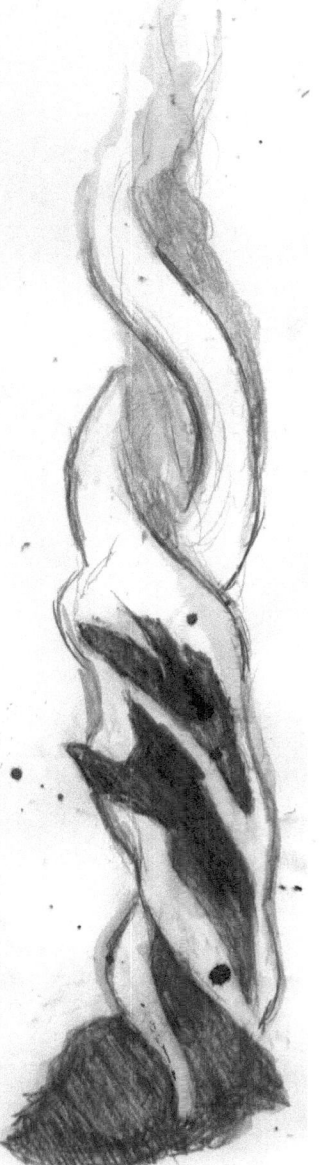

Brother number one is found poisoned, his head resting up against a slatted closet door, frozen eyes looking in at brother number two, who is discovered naked with rope about his neck.

The youngest son, and only surviving heir, is coronated the following day.

The day after that, the city goes to war.

Walls rise to the sulfur-yellowed sky.
A windowless tower of red appears behind them, growing out of the city's heart, phallic and visceral.

Its smooth walls rape the tainted cloud base. At night spotlights caress it victoriously, protectively.

The King wakes from his dreaming, and time continues to meander like a maggot through the rotting husk of the tower.

Lost in the sounds of war, the two weeks pass unnoticed. He sits, on the throne, Indian style, enraptured as the reverberations from a far off air raid siren ring around the room and shift into self-replicating Mandelbrot sets, the tiniest irregularity in the wall's surface creating infinite variation.

While his children are gone, duties of maintaining his life fall to the tower itself. Sensors in the throne measure body temperature, which the room then mirrors, creating a womb like stasis. The air pressure builds up and is released several times every minute forcing oxygen in and out of his lungs. He finds no need for food nor water, as he expends no energy. The only detectable physical movement takes place inside his ear canal, vibrations of distant explosions. His pipe sits stale and unused. Atoms grind to a halt as the crushing clamp of the King's focus holds back entropy itself.

The Rook returns
in time.

Alone.

The King snaps out of his self-induced coma even before the bird lands on the ground. In a forgotten drawer, the Rook's beloved pocket watch ticks anew.

"Sire," the bird begins, "I am afraid I had to delay performing my duty for you. I understand that I went against orders, but with your permission I will explain."

"Quickly, bird. I would know of the War and of my Sons in that order... your punishment will be discussed at an appropriate time," the King says, falling into his role.

The bird gestures towards the door, "As you can hear the war continues, Sir! The hostilities are escalating, Sir!" the Rook caws out.

"Good... now why are you here and not my children?"

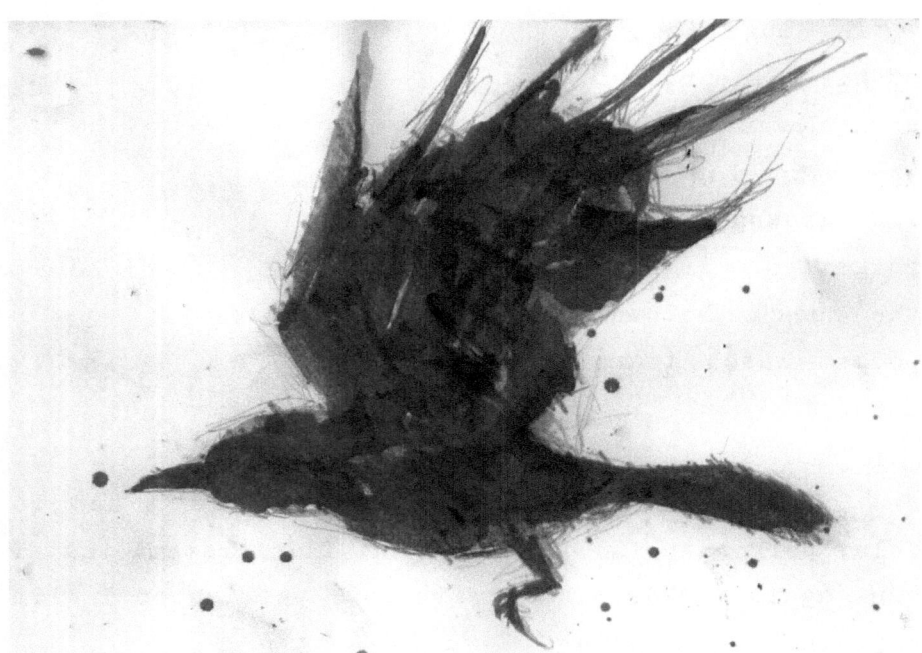

"Sire, I felt it was in the interest of the kingdom to protect your line and heirs. I chose to put my mission on hold because it is, in my opinion, the lowest priority. I instead flew directly to the front lines where I was able to witness, first hand, your son's sacrifice."

"I see," says the king. These things are to be expected and embraced...he thinks to himself. "If his death was caught on film, he will continue to be useful."

"He died clearing out a pocket of would-be deserters. His body was horribly mutilated, so as proof of his death I bring you his sword, still gripped by his strong hands."

The sword falls to the ground with a meaty clank.

A tear wells up in the King's eye and cascades down his cheek. Whether it is for the loss of his son or his bravery, none can say.

The bird continues, "Oh Sire, let me get through this for there is much mourning to do."

The king moves his atrophied hand, gesturing for the Rook to continue.

"After leaving the Front, I flew to the factories of the West. I watched as they burned, and your mines emptied. I found your middle child lying dead in a cloud of carbon monoxide. I bring you his sturdy work boots as proof of his death. I am so sorry, my Lord."

The King sneers, "He was weak, this was inevitable. Tell me...of my boy."

"After leaving the factories, I flew East to the ocean and there I found your youngest... blue, cold, and bloated in the brine. His ship capsized by the very beast it hunted. As proof I bring to you the rope from his spear."

The King begins to weep. This is a tragedy. Without his fleet, without his command of the sea, the war is lost.

The bird says, "I left the factories and flew South, across the blasted land that once gave our city life. The fields have burned, the forests now stumps. I crossed mile after mile after mile, and found but one thing left alive. Buried in ashes and dirt, one tiny grape vine still heavy with growth."

Pausing, the Rook pulls a flask out of his coat. "Sire, I bring you the last wine your land will ever whelp."

With some difficulty the Rook pours the wine into a glass and gives it to the King. He pours the rest into a small bowl.

"Join me in a drink to what once was," the Rook says and pretends to dip his beak into the bowl.

The king slowly rises from the throne, standing at his full height. Holding the glass aloft in a silent toast, he empties it into his mouth.

Steven Archer

The poison in the wine paralyzes the King quickly, and he falls to the floor limp, mute but fully conscious. The bird hops from floor to seat, and from the seat to the top of the throne. Cocking his head, he examines the scene. Light plays across his black eyes and he chatters in the sinister manner of Rooks.

With a bit of effort, the Rook removes the Signet ring from the King's finger. It falls to the floor, the sound of closure, metal on stone.

With deliberate slowness, it then violently collects the King's still seeing eyes.

After many years of planning, supplication, and suspension, his time had come.

He takes up the rope and ties the King's eldest son's hands to the end of its wings.

He puts them immediately to work tying the laces of his new work boots.

This accomplished, the soon-to-be King coronates himself with Crown and Signet ring. The Royal Eyes are picked up off the filthy floor and inserts them, dust and all, into his own sockets.

Finally, he slips his wing-arm-hands into the sleeves of the still warm Royal Robes.

Steven Archer

Turning, he uses his new eyes to examine himself in a nearby mirror. He feels stately and powerful. Eminent and erect.

That night he takes the Queen in the Royal Bed Chamber, insuring his kingdom a new bloodline.

She seems either not to notice or not to care about the avian changes in her lover. Perhaps the depth of her hallucinations permit such scenarios. Perhaps she lusted after the bird from the moment he arrived. Whatever the case, they sleep, the fluids on the sheets failing to evaporate in the tower's moist atmosphere.

The following morning the sun rises over the city. They awake and dress. The pair glide from the bedroom past body, past throne, and down the stairs. He escorts her wing in arm, out onto one of the many terraces overlooking the city. The air is cold and crisp, and the Queen finds the novelty of the sensation fascinating. At this height, all is silent but the wind.

He looks South towards fields rich with life. Across miles of fertile plains. The atmosphere a haze of warm moisture.

He delights in the scent of salt blown in from the far off Eastern Ocean, its bounty barely tapped by his enormous fleet of fishing vessels.

Turning West, he looks with pride over his efficient factories as they manufacture goods for his people.

Finally he turns North, looking towards the Great Gate standing closed and silent in the morning air.

The couple walk back into the warmth of the tower. Just beyond the throne room door, the Queen's foot brushes a gramophone sitting alone on the hall floor. The impact knocks its stylus from its holster and onto the rotating platter. The room fills with air raid sirens and machine gun fire, morse code and mobilizations.

The Rook looks down at it, and casually pulls the needle off of the 78. "Let us go inside, it is far too drafty here in the hall."

She nods, the pain in her foot forgotten.

As they walk across the throne room, wing and arm, his thoughts return to the Great North Gate. "Soon," he thinks. Soon he will open that gate, and allow his enemies into the heart of his kingdom, and like he has done so many times before, he will watch with satisfaction as the city burns from the inside out.

Steven Archer

War.

47

About the Author

Steven Archer is an artist and musician living in Baltimore, MD. He is the author and illustrator of the children's book *Luna Maris*. When not recording, DJing, or producing art, he and his wife, author Donna Lynch, tour with their dark electronic rock band Ego Likeness. He has a BFA from the Corcoran School of Art in Washington DC, and has shown his work at galleries and other venues throughout the east coast, and internationally in the form of album art and magazine illustrations.

For more information about Ego Likeness, please visit www.egolikeness.com. Steven's solo electronic project can be found at www.hopefulmachines.net.

Also Available

Luna Maris, Steven Archer
978-1-933293-62-2 (paperback), $14.95

We all have questions...even the moon.

On his night off, the moon decides to journey to the earth in search of the answer to a burning question: What is the ocean for?

This richly illustrated children's book showcases Archer's whimsical side. Awash in a sea of blues the ever-curious moon makes all manner of magical discoveries in the ocean.

Isabel Burning, Donna Lynch
hc 978-1-933293-49-3, $29.95, 236p
tpb 978-1-933293-56-1, $15.95, 236p

Isabel's new job as housekeeper at Grace mansion allows her to observe the habits of the enigmatic Dr. Edward Grace. Captivated by his tales of travel to Africa, she is inexorably drawn into a tumultuous relationship which eventually reveals the Grace family's dark heritage and lays bare every secret, even the ones she keeps from herself.

Ladies and Other Vicious Creatures, Donna Lynch
$12, available only at www.RawDogScreaming.com

In this poetry chapbook Lynch pays homage to her muses and explores their dark beauty. Whether victims or victors, scarred or unblemished, she casts light on all their qualities; their shameful purity and their endearingly vile ways. With a scavenger's eye for treasure she reveals tantalizing possibilities glimpsed briefly. And for a short time the muse peers back at us both from familiar faces and strange ones: captivating, terrible and awe-inspiring.

This is a signed chapbook limited to only 250 copies. Each copy contains a sampler CDR of songs by Lynch's band Ego Likeness (Dancing Ferret Discs), as well as previously unreleased spoken word material. It also features illustrations from artist Steven Archer.

www.RawDogScreaming.com

www.ingramcontent.com/pod-product-compliance
Lightning Source LLC
Chambersburg PA
CBHW030544200626
46812CB00020BA/1813